# NOTICE HISTORIQUE

SUR

# SAINT GERMAIN D'AUXERRE

## PATRON DE CORRENS

AVEC

## Neuvaine & Cantiques

BRIGNOLES

Impr. de A. VIAN, rue du Portail-Neuf, n° 3.

—

**1876**

# NOTICE HISTORIQUE

SUR

# SAINT GERMAIN D'AUXERRE

Patron de Correns

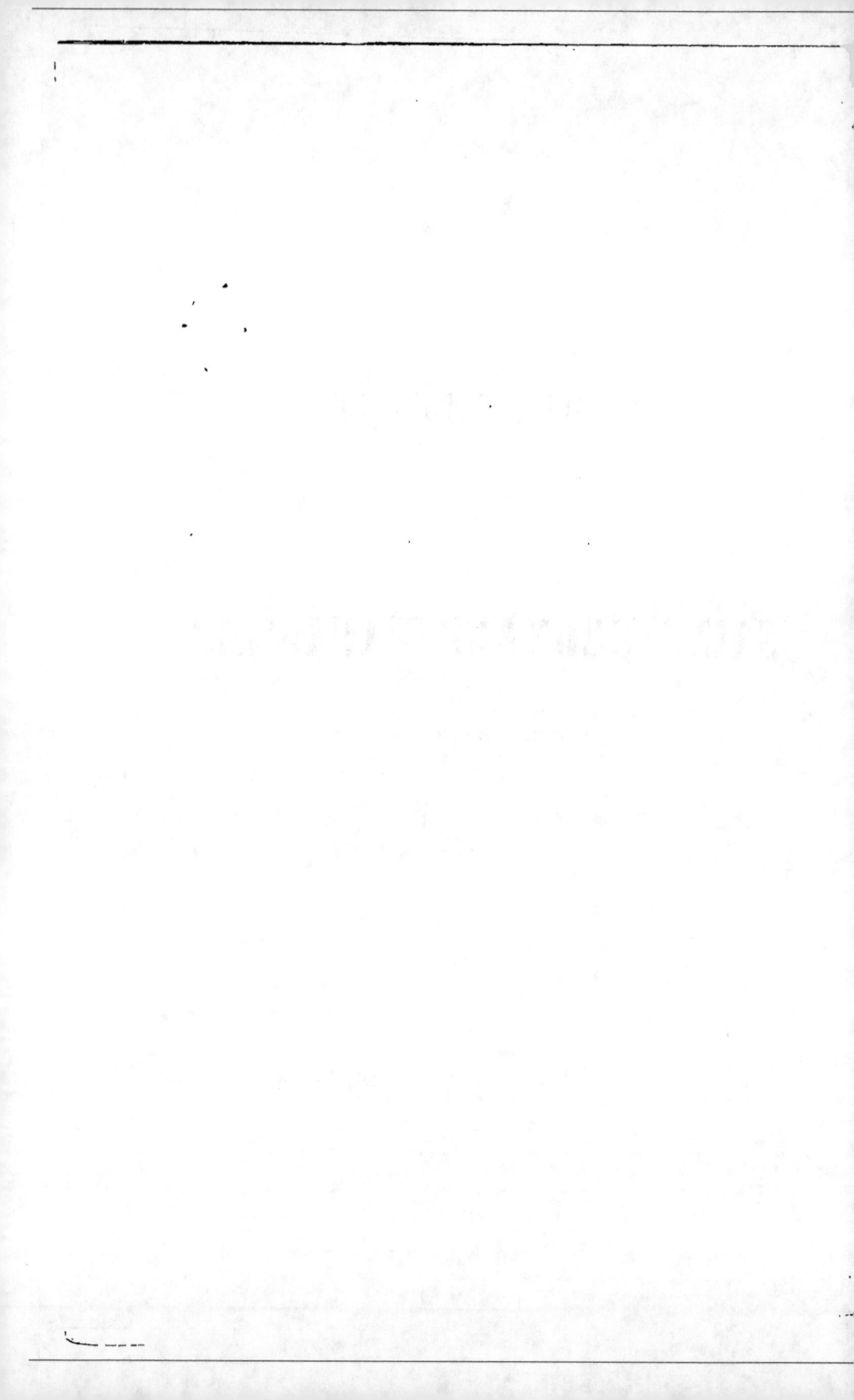

# NOTICE HISTORIQUE

## SUR

# SAINT GERMAIN D'AUXERRE

## PATRON DE CORRENS

### AVEC

## Neuvaine & Cantiques

**BRIGNOLES**

Impr. de A. VIAN, rue du Portail-Neuf, n° 3.

—

**1876**

*Monseigneur,*

Votre Grandeur connaît la dévotion de Correns
pour son illustre Patron, saint Germain d'Auxerre.
Une tradition constante veut que ce grand Pontife
ait évangélisé le pays, sans doute lors de son
voyage en Italie. Il est vrai que bien d'autres
contrées, assez éloignées de la nôtre, revendiquent
le même honneur; ce qui rend ce point d'histoire
assez obscur. Quoiqu'il en soit, il n'en est pas
moins vrai que le nom de ce grand thaumaturge
est resté vivace parmi nous, et que la confiance
des fidèles en son pouvoir a toujours été très-remar-
quable. C'est ce qui faisait désirer, depuis longtemps, Monseigneur, un abrégé de sa vie, à la portée
de tout le monde. J'ai cru devoir correspondre à
ce désir en rédigeant cette Notice, tirée de la
grande histoire de l'Église, par Rochbacher. J'y
ai ajouté une Neuvaine, pour rendre plus profi-
table l'exercice très-fréquenté qui se fait, chaque
année, à l'époque de la fête. J'ai placé, à la fin,
quelques Cantiques populaires en français et en
provençal, ainsi que l'Hymne de l'ancien propre,
qui pourra être chantée à la procession et en-dehors
des offices liturgiques, si Votre Grandeur le juge
opportun.

*J'ose vous prier, Monseigneur, d'approuver et de bénir ce modeste travail. Puisse-t-il contribuer à rendre plus vive encore et plus éclairée la dévotion de ce cher peuple à son illustre Patron ! Puisse-t-il surtout le porter à imiter avec plus de fidélité les magnifiques exemples de vertus qu'il lui a donnés pendant sa vie mortelle !*

*J'ai l'honneur d'être, avec le plus profond respect,*

*Monseigneur,*

*De Votre Grandeur,*

*Le très-humble et très-obéissant serviteur,*

PORTANIER, Curé.

———— ⋅◦◦⋅ ————

VU ET PERMIS D'IMPRIMER.

*Fréjus, le 10 février 1876.*

† J. HENRI, Év. de Fréjus et Toulon.

———— ⋅✕✕⋅ ————

# NOTICE HISTORIQUE

SUR

# SAINT GERMAIN D'AUXERRE

## Patron de Correns

———◦◦◦———

Germain était duc d'Auxerre, c'est-à-dire général des troupes de la Province. Né dans la ville même, d'une illustre famille, il avait étudié les lettres, principalement la jurisprudence, dans les Gaules et à Rome. Il avait épousé une femme également distinguée par sa naissance et par sa vertu. Son grand divertissement était la chasse ; il se plaisait à pendre les têtes des animaux qu'il avait tués, à un poirier qui était au milieu de la ville. L'évêque d'Auxerre, nommé Amateur, l'en reprit souvent comme d'un reste de superstition païenne. Germain repoussa ses observations. Un jour, en son absence, le saint évêque fit couper l'arbre et jeter les dépouilles des bêtes fauves. Le général en fut tellement irrité, qu'il menaça l'évêque de mort, et, pour exécuter sa menace, revint subitement à la ville avec une troupe de soldats. Amateur répondit à ceux qui l'avertissaient du péril : « Je ne suis pas digne de verser mon sang comme les « martyrs. » Bientôt il connut par révélation que sa fin était proche et qu'il aurait pour successeur ce même Germain qui menaçait de le faire mourir. Il partit aussitôt pour Autun, où résidait Jules, préfet des Gaules.

Le saint évêque d'Autun qui se nommait Simplice, ayant su que l'évêque d'Auxerre arrivait, alla au-devant de lui avec son clergé; le préfet Jules fit la même chose avec ses officiers. Le lendemain, saint Amateur ayant demandé une audience, le préfet s'avança pour le recevoir et commença par lui demander sa bénédiction. Le Pontife la lui ayant donnée, lui parla en ces termes : « Le Seigneur m'a fait connaître que ma fin n'est pas loin, et que nul ne prendra le gouvernement de l'Église que l'illustrissime Germain; je demande donc à Votre Altesse, la permission de le tonsurer. » Le préfet répondit : « Quoique Germain soit très-utile et même nécessaire à notre république, cependant, puisque Dieu l'a choisi, comme votre béatitude l'atteste, je ne puis point aller contre l'ordre de Dieu. »

Amateur, de retour à Auxerre, assembla tout le peuple dans le parvis de sa maison, lui déclara qu'il n'avait que peu de temps à vivre, et le pria de lui choisir un successeur. Comme il vit tout le monde garder le silence, il sortit pour se rendre à l'Église. Tout le peuple l'y suivit. Germain et plusieurs autres étaient armés et se disposaient à entrer ainsi dans l'Église, selon la coutume des Gaulois, qui portaient partout leurs armes; mais saint Amateur, les arrêtant à la porte, leur dit : « Mes chers enfants, quittez ces javelots et ces boucliers; car

c'est ici une maison de prières et non un champ-de-mars. »
Ils obéirent. Alors l'évêque, voyant Germain sans armes,
fit fermer les portes, et, entouré d'un cortége de clercs
et de nobles, mit sur lui sa main, lui coupa les cheveux,
lui ôta les ornements du siècle, le revêtit de l'habit de
religion, l'avertissant de se rendre digne du sacré minis-
tère, parce que Dieu l'avait choisi pour son successeur.
Ensuite, adressant la parole à son peuple : « Mes bien-
aimés enfants, leur dit-il, le Seigneur recevra bientôt
mon âme ; je vous conjure de vous accorder à élire notre
frère Germain. » Toute la multitude répondit : « Amen ! »
non sans verser bien des larmes ; car tout le monde était
affligé de perdre un tel pasteur. Ce qui les consolait en
partie, c'était la pensée que son successeur ne serait pas
différent.

Le premier jour de mai de la même année 418, saint
Amateur, se trouvant plus mal, recueillit ses forces et fit
un discours où il tâcha de consoler les assistants de sa
mort. En même temps, pour rendre son esprit à Dieu là
même où il avait coutume de le bénir nuit et jour, il se
fit porter à l'Église. Le clergé marchait devant, la foule
du peuple, à droite et à gauche, les femmes suivaient.
A peine l'eut-on placé sur le trône épiscopal qu'il rendit
l'esprit. A ses funérailles, un paralytique fut guéri par
l'eau dont on avait lavé son corps avant de l'ensevelir.

Aussitôt tout le clergé, toute la noblesse, le peuple
de la ville et de la campagne, d'une voix unanime, de-
mandent Germain pour évêque. Il fallut lui faire une

espèce de guerre civile. Il s'était concerté avec quelques
personnes de confiance pour résister aux vœux de tout le
monde; mais ces personnes s'étant réunies aux autres,
il fut obligé d'accepter l'épiscopat, malgré lui, un mois
après la mort de son prédécesseur. Son ordination eut
lieu le 7 de juillet, qui, cette année, était un dimanche.

Jamais on ne vit de changement plus prompt et plus
entier que dans Germain, de général devenu prêtre et
évêque. Il ne regarda plus sa femme que comme sa sœur,
et ses biens que comme ceux des pauvres. Depuis le jour
où il fut ordonné jusqu'à sa mort, il n'usa plus de pain
de froment, de chair, de vin, de vinaigre, d'huile, de
sel, ni de légumes. Il commençait ses repas par prendre
un peu de cendres; puis il mangeait du pain fait avec de
l'orge qu'il avait lui-même battue et moulue; et cette
nourriture, pire que le jeûne, il ne la prenait que le soir,
quelquefois au milieu de la semaine; le plus souvent, il
ne la prenait que le septième jour. Ses habits consistaient
en un cilice qu'il portait toujours, en une cuculle et une
tunique d'une étoffe simple et grossière, sans que la
rigueur de l'hiver lui fît rien ajouter, ni la chaleur de
l'été rien ôter. Un carré en planches, rempli de cendres
jusqu'au bord, sur lesquelles il étendait un cilice et un
sac, était son lit. Il s'y couchait tout habillé et sans che-
vet, le plus souvent sans ôter ses souliers ni sa ceinture;
car il portait toujours une ceinture de cuir, à laquelle
était attaché un reliquaire. Il exerçait l'hospitalité envers
toutes sortes de personnes, lavait lui-même les pieds à

ses hôtes et leur donnait à manger, sans rompre son jeûne. Pour se faire une solitude au milieu du monde même et attirer les peuples tout ensemble à la foi catholique et à la vie religieuse, il bâtit un monastère vis-à-vis d'Auxerre, de l'autre côté de la rivière d'Yonne, en l'honneur des saints Côme et Damien. Il s'y retirait souvent et y établit pour premier abbé saint Allode, à qui succéda saint Mamertin.

C'est vers cette époque qu'un nommé Agricola, cherchait à répandre l'erreur des Pélagiens parmi les Bretons. Ces peuples répugnaient à l'erreur, mais ils n'étaient pas assez instruits pour la combattre; ils eurent recours au pape et aux évêques des Gaules. Le pape Célestin envoya sur les lieux le diacre Pallade, qui le pria beaucoup d'y porter secours. D'après ses instances, saint Célestin y envoya son légat, saint Germain d'Auxerre. Dans le même temps, les évêques des Gaules, assemblés en concile, priaient ce même saint, avec son ami saint Loup, de Troyes, de se charger de cette entreprise. C'était l'an 429. Les deux pontifes s'étant mis en chemin pour la Grande-Bretagne, arrivèrent au bourg de Nanterre, près de Paris. Les habitants, sur la réputation de leur sainteté, vinrent au-devant d'eux en foule. Saint Germain leur fit une exhortation, et, regardant ce peuple qui l'environnait, il vit de loin une jeune fille en qui il remarqua quelque chose de céleste. Il la fit approcher, et, au grand étonnement de tout le monde, il lui baisa respectueusement la tête. Il lui demanda son nom et

1.

qui étaient ses parents; on lui dit qu'elle s'appelait Geneviève. Son père Sévère et sa mère Gérontia se présentèrent en même temps. Saint Germain les félicita d'avoir
une telle fille, et prédit qu'elle serait un jour l'exemple
des hommes. Il l'exhorta à lui découvrir les secrets de
son cœur et lui demanda si elle voulait se consacrer à
Jésus-Christ comme son épouse ; elle déclara que c'était
son dessein et pria le saint évêque de lui donner la bénédiction solennelle des vierges. Ils entrèrent dans l'église
pour la prière de none; puis on chanta plusieurs
psaumes et on fit de longues prières pendant lesquelles
le prélat tint sa main droite sur la tête de la fille. Il prit
ensuite son repas avec elle et ses parents et leur recom-
manda de la lui amener le lendemain. Ils n'y manquèrent
pas, et saint Germain demanda à Geneviève, si elle se
souvenait de ce qu'elle avait promis. « Oui, saint père,
dit-elle, et j'espère l'observer par le secours de Dieu et
par vos prières. » Alors, regardant à terre, il vit une
monnaie de cuivre marquée du signe de la croix; il la
ramassa, et, la donnant à Geneviève, il lui dit : « Gar-
dez-la pour l'amour de moi ; portez-la toujours pendue
à votre cou pour tout ornement, et laissez l'or et les
pierreries à celles qui servent le monde. » Il la recom-
manda à ses parents et continua son voyage.

Depuis l'âge de quinze ans jusqu'à cinquante, sainte
Geneviève ne mangea que deux fois la semaine, le dimanche et le jeudi; encore n'était-ce que du pain d'orge et
des fèves; elle ne but jamais du vin ni de ce qui peut

enivrer. Quelques jours après le départ de saint Germain, sa mère voulut l'empêcher d'aller à l'église un jour de fête, et, ne pouvant la retenir, la frappa sur la joue. Aussitôt elle perdit la vue, et demeura aveugle pendant deux ans. Enfin, se souvenant de la prédiction de saint Germain, elle dit à sa fille de lui apporter de l'eau du puits et de faire le signe de la croix sur elle. Sainte Geneviève lui ayant lavé les yeux, elle commença à voir un peu, et, quand elle l'eut fait deux ou trois fois, elle recouvra la vue entièrement.

Saint Germain et saint Loup s'étant embarqués en hiver, souffrirent une grande tempête, que saint Germain apaisa en jetant quelques gouttes d'huile dans la mer, au nom de la Trinité. Arrivés en Bretagne, ils trouvèrent une grande multitude rassemblée pour les recevoir ; car leur arrivée avait été prédite par les malins esprits, qu'ils chassèrent des possédés, et qui, en sortant, confessèrent qu'ils avaient excité la tempête. Les saints évêques remplirent bientôt la Bretagne de leurs instructions et de leur renommée ; ils prêchaient non-seulement dans les églises, mais dans les chemins et les campagnes, tant la foule qui les suivait était grande ; en sorte, qu'ils fortifiaient partout les catholiques et convertissaient les hérétiques. Tout était apostolique en eux : la vertu, la doctrine, les miracles. Les Pélagiens se cachaient ; mais enfin, honteux de se condamner par leur silence, ils vinrent à une conférence. Ils se présentèrent bien accompagnés et remarquables par leurs richesses et leurs habits éclatants. Une multitude immense de peuple s'assembla à ce spectacle. Les saints évêques laissèrent parler les hérétiques les premiers, et, après qu'ils eurent discouru longtemps, ils leur répondirent avec une grande éloquence, soutenue des autorités de l'Écriture, en sorte qu'ils les réduisirent à ne pouvoir répondre. Le peuple avait peine à retenir ses mains et témoignait son jugement par ses cris. Alors un homme qui avait la dignité de tribun ou de général s'avança avec sa femme, présentant aux saints évêques leur fille, âgée de dix ans et aveugle. Ils lui dirent de la présenter aux Pélagiens ; mais ceux-ci se joignirent aux parents pour demander aux saints évêques la guérison de la fille. Ils firent une courte prière ; puis saint Germain invoqua la Sainte Trinité, et, ayant ôté de son cou le reliquaire qu'il portait, il le prit à la main et l'appliqua devant tout le monde sur les yeux de la fille, qui recouvra la vue aussitôt. Les parents furent ravis, le peuple épouvanté, et, depuis ce jour, tout le monde se rendit à la doctrine des saints évêques.

Ils allèrent ensuite rendre grâces à Dieu au tombeau du martyr saint Alban, le plus fameux de la Bretagne. Saint Germain fit ouvrir le sépulcre et y mit les reliques de tous les apôtres et de plusieurs martyrs qu'il avait ramassées de divers pays ; puis il prit sur le lieu même de la poussière encore teinte du sang de saint Alban, l'emporta avec lui, et, à son retour, bâtit une église en son honneur dans la ville d'Auxerre où il mit ces reliques.

Les Anglais venus de la Saxe et les Pictes faisaient la guerre aux Bretons. Les Bretons, épouvantés, eurent recours aux saints évêques. C'était le carême, et par leurs instructions plusieurs demandèrent le baptême ; en sorte qu'une grande partie de l'armée le reçut à Pâques dans une église de feuillages, que l'on dressa en pleine campagne.

Après la fête, ils se préparèrent à marcher contre les ennemis, animés de la grâce qu'ils venaient de recevoir et attendant avec grande confiance le secours de Dieu. Saint Germain se mit à leur tête, et, se souvenant encor du métier qu'il avait fait pendant sa jeunesse, il envoya des coureurs pour reconnaître le pays et posta ses gens à couvert dans une vallée, sur le passage des ennemis, qui s'attendaient à les surprendre. Saint Germain avertit les siens de jeter tous le même cri qu'ils lui entendraient pousser à lui-même ; il cria trois fois : « *Alleluia !* » Ce cri, répété à l'instant par toute l'armée, et multiplié par les échos des montagnes, fit un bruit si terrible, que les barbares en furent épouvantés ; ils jetèrent leurs armes, s'enfuirent en confusion, abandonnèrent leurs bagages, et plusieurs se noyèrent en passant une rivière. Les saints évêques, ayant ainsi délivré la Bretagne des Pélagiens et des Anglo-Saxons, repassèrent en Gaule et retournèrent chez eux.

Mais l'hérésie qui semblait si bien comprimée ne tarda pas cependant de relever la tête. Le danger parut si grand, que saint Germain fut appelé une seconde fois

2

dans la Grande-Bretagne. C'était en 447. Son zèle lui fit oublier les infirmités d'un âge déjà avancé. Il prit pour compagnon saint Sévère, évêque de Trèves, qui avait été disciple de saint Loup de Troyes, et qui prêchait alors l'évangile aux peuples de la première Germanie, autrement de Mayence, Strasbourg, Spire et Worms. Les deux prélats prirent leur route pour Paris. Les habitants de cette ville, ayant appris qu'ils arrivaient, sortirent au-devant d'eux et prièrent saint Germain de leur donner sa bénédiction. Ils leur demanda des nouvelles de Geneviève, qui de Nanterre était venue demeurer à Paris, où elle s'était solennellement consacrée à Dieu en recevant le voile des mains de l'évêque. Il comprit, par les réponses qu'on lui fit, que sa réputation était violemment attaquée par diverses calomnies. Lui, qui la connaissait parfaitement, alla tout droit chez elle, et la salua si humblement que tout le monde en fut surpris. Il parla au peuple pour sa justification, et pour preuve de sa vertu fit voir, à l'endroit où elle prenait son repos, la terre toute trempée de ses larmes. Ayant persuadé tout le monde de son innocence, il continua son voyage et arriva heureusement en Bretagne.

Les démons qu'il allait combattre y publièrent, malgré eux, son arrivée. Élaphius, un des principaux habitants de l'île, sans en avoir eu d'autre nouvelle, s'avança au-devant du saint évêque avec une grande multitude de peuple, et lui présenta son fils, perclus de ses membres, que Germain guérit. Les deux évêques eurent la consolation de trouver les peuples constamment attachés à la foi, à l'exception d'un petit nombre de novateurs que les catholiques leur amenèrent et qui furent chassés de l'île.

Germain était la ressource de tous les malheureux. A son retour à Auxerre, les Armoricains vinrent implorer son intercession. La dureté du gouvernement d'Aétius les avait portés à la révolte; pour les punir, il fit marcher contre eux Eocaric, roi des Alains. Ce prince, païen et barbare, entrait déjà dans l'Armorique pour y porter la désolation et le ravage, lorsque Germain le rencontre à la tête de son armée.

Il lui parle par interprète et le supplie humblement d'épargner la province; ses prières ne pouvant rien, il lui fait des reproches, et enfin saisit la bride de son cheval, l'arrête et avec lui toute l'armée. Le barbare, étonné de sa hardiesse, écouta des propositions de paix, retourna à son poste, et convint de ne point ravager la Province, pourvu qu'elle obtint son pardon d'Aétius ou de l'empereur.

Germain prit aussitôt la route de l'Italie pour aller trouver Valentinien à Ravenne. Il rendit visite, en chemin, au prêtre Sénateur, son ami, et guérit à sa prière, une fille muette, âgée d'environ 20 ans. En prenant congé de lui, il l'embrassa tendrement et lui dit : « Adieu, mon cher frère, jusqu'à l'éternité! Que le Seigneur nous fasse la grâce de nous voir sans confusion au jour du jugement; nous ne nous reverrons plus sur cette terre. »

En passant par Autun, où il fit aussi quelques miracles, il alla prier sur le tombeau de saint Cassien, évêque de cette ville. Une grande foule de peuple l'accompagnait d'une ville à l'autre, et, comme il s'arrêtait d'espace en espace pour prier avec eux ou pour leur prêcher, on érigea dans ces endroits des croix ou des oratoires, qu'on voyait encore lorsque l'auteur qui raconte ces faits les écrivait.

En passant les Alpes, Germain se chargea du fardeau d'un pauvre bûcheron que l'âge et ses infirmités faisaient succomber et porta lui-même ce vieillard sur ses épaules au passage d'un torrent.

Il voulut entrer dans l'Église de Milan, un jour de fête, sans se faire connaître ; mais un possédé s'écria, du milieu du peuple : « Germain, pourquoi viens-tu nous « chercher en Italie ? Contente-toi de nous avoir chassés « des Gaules et d'avoir vaincu l'Océan avec nous par tes « prières. » Enfin, malgré la pauvreté de son habit, on le reconnut à la majesté de son visage. Il avoua qui il était ; les évêques le saluèrent avec respect et le prièrent de délivrer le possédé. Il obéit, le retira à part dans la sacristie et le ramena guéri.

En sortant de Milan, il rencontra plusieurs pauvres qui lui demandèrent l'aumône. Touché de compassion, il s'informa de son diacre combien il avait encore d'argent pour la dépense du voyage. Le diacre lui répondit qu'il n'avait plus que trois sous d'or. Le saint lui dit de les donner aux pauvres ; mais le diacre, sans rien dire, en réserva un pour les plus pressants besoins et n'en donna que deux. Germain, continuant sa route, vit venir à lui des cavaliers qui, s'étant jetés à ses pieds, le conjurèrent de se détourner un peu de sa route pour visiter leur maître Léporius, qui était malade, avec presque toute sa famille. Germain leur promit de le faire, et aussitôt ils lui présentèrent deux cents sous d'or. Il dit à son diacre : « Recevez-les, et connaissez le tort que vous avez fait aux pauvres ; car, si vous aviez donné ce que je vous avais dit, sachez que le Seigneur nous en eût envoyé trois cents. » La santé que le saint évêque rendit à Léporius et aux autres personnes de la maison fut la récompense de cette charité.

Quoiqu'il eût affecté d'arriver de nuit à l'avenue pour éviter les honneurs, son entrée y fut comme un triomphe. Le peuple, la noblesse, le clergé, à la tête duquel était le saint évêque Pierre Chrysologue, lui donnèrent à l'envi des marques de leur vénération. L'impératrice Placidie lui envoya un grand bassin d'argent, plein de toutes sortes de rafraîchissements, excepté qu'on n'y avait pas mis de chair, parce qu'on savait qu'il n'en mangeait pas. Le saint distribua les mets à ses serviteurs et garda le bassin pour les besoins des pauvres. Il renvoya en présent à l'impératrice un pain d'orge sur une assiette de bois, et cette princesse reçut ce présent avec tant de respect qu'elle fit enchâsser l'assiette de bois dans un cercle d'or et garda le pain pour s'en servir de remède contre les maladies.

Les miracles que saint Germain fit à Ravenne furent si éclatants, qu'ils surpassèrent l'attente des peuples et le firent paraître encore plus grand que sa réputation. Comme il passait un jour devant la prison, pleine de criminels, les prisonniers jetèrent un grand cri pour implorer son assistance; il demanda qu'on lui en ouvrit la porte; mais les geôliers se cachèrent. Il eut recours à ses armes ordinaires et se mit en prière, devant tout le peuple, à la porte de la prison. A l'instant elle s'ouvrit d'elle-même et les chaînes des prisonniers se brisèrent. Ils accoururent rendre grâces à leur libérateur, qui les conduisit, comme en triomphe, à l'Église, portant en leurs mains les fers que la vertu de sa prière avait rompus.

Le fils de Volusien, secrétaire du patrice Sigisvulte, était malade à l'extrémité; on pria Germain de le venir voir et on l'en fit prier par les prélats qui l'accompagnaient; car, pendant son séjour à Ravenne, six évêques ne le quittèrent point, pour lui faire honneur. Comme il était en chemin, pour aller visiter le malade, on lui envoya dire qu'il était inutile qu'il allât plus loin, que l'enfant venait d'expirer. Il voulait retourner; les évêques l'en empêchèrent et le pressèrent de demander à Dieu qu'il rendît la vie au mort. Il résista longtemps; mais enfin, il fit sortir tout le monde, et, s'étant prosterné en prière sur le corps du mort, il l'arrosa de ses larmes; après avoir prié quelque temps, il le rendit plein de vie et de santé à ses parents.

Il guérit aussi, à la prière de l'impératrice, un jeune domestique de l'eunuque Acholius, préfet de la chambre de l'empereur.

Les évêques qui accompagnaient Germain étaient encore plus frappés de l'éclat de ses vertus que de celui de ses miracles; ils ne pouvaient se lasser de le voir ni de l'entendre, parce qu'ils trouvaient toujours à admirer et à s'édifier. Ils furent bientôt privés de cette consolation. Le saint évêque s'entretenant un jour avec eux des choses de Dieu, après l'office du matin, leur dit : « Mes bien-« aimés frères, je vous recommande mon passage. Il « m'a semblé voir, cette nuit, Notre-Seigneur qui me « donnait un viatique pour quelque grand voyage, et, « comme je lui en demandais le sujet et le terme : « Ne craignez pas, m'a-t-il dit, c'est à votre patrie que « je vous appelle. » Et de fait, il tomba malade quelques jours après. Toute la ville de Ravenne en fut alarmée, et sa chambre ne désemplissait point des personnages les plus considérables qui venaient le visiter; l'impératrice y alla elle-même. Le saint évêque la pria de renvoyer son corps à son Église, ce qu'elle lui promit à regret. Durant sa maladie, on ne cessa de réciter, auprès de lui des psaumes et de chanter des cantiques, selon le touchant usage de ce temps-là. Il mourut le septième jour de sa maladie, le dernier jour de juillet de l'an 448, après trente ans et vingt-cinq jours d'un épiscopat si glorieux à l'Église des Gaules.

Dès qu'il eût expiré, on s'empressa de lui rendre des

honneurs encore plus grands qu'on ne lui en avait rendu
pendant sa vie. Les personnes les plus qualifiées voulu-
rent avoir quelque chose qui lui eût appartenu, et tout
ce qui avait été à son usage, quelque vil qu'il fût d'ailleurs, devint plus précieux que l'or et les pierreries.
L'impératrice Placidie demanda le reliquaire qu'il portait à sa ceinture. Saint Pierre Chrysologue prit sa cucule
et son cilice, et les six évêques qui avaient été nommés
pour l'accompagner, partagèrent entre eux ses vêtements.
Acholius fit embaumer le corps du Saint et l'impératrice
le revêtit d'habits précieux. On voit encore aujourd'hui,
son suaire orné des aigles romaines. L'empereur fit tous
les frais du convoi, qui fut magnifique, et les évêques
eurent soin que, pendant un si long voyage, on lui rendit
partout les devoirs de la religion; ils députèrent même
des clercs pour accompagner le corps jusques dans les
Gaules. Une femme paralytique fut guérie à Plaisance,
en se couchant sous le cercueil qu'on avait déposé dans
l'église, pendant la nuit.

Le prêtre Saturne, disciple de saint Germain, apprit
sa mort à Auxerre, par révélation, l'annonça au peuple,
et alla avec plusieurs autres au-devant du corps jusqu'aux
Alpes. On ne peut exprimer quels honneurs on rendit
partout à ce précieux dépôt pendant le voyage; les uns
chantaient des psaumes, les autres portaient des cierges
allumés; on aplanissait les chemins, on préparait les ponts,
on s'empressait pour avoir l'honneur de porter le cercueil.
Quand on arrivait dans une ville, on le déposait dans

l'église, et en même temps, l'on y célébrait l'office divin.

Bientôt on rencontra le clergé d'Auxerre, qui venait pour recevoir les dépouilles mortelles de son pasteur. Enfin, le corps du saint évêque arriva dans sa ville épiscopale le cinquante-troisième jour après sa mort. Pour contenter la dévotion du peuple, il fallut le laisser dix jours exposé à la vénération publique. Il fut enterré le 1er d'octobre dans l'église de Saint-Maurice, qu'il avait fait bâtir et qui devint plus tard la célèbre abbaye de Saint-Germain d'Auxerre. Sa vie fut écrite peu de temps après sa mort, par le prêtre Constance, auteur contemporain et distingué par sa probité et son éloquence.

Ces magnifiques hommages rendus aux vertus du saint évêque montrent la foi des peuples de ce temps et ont sans doute contribué à conserver jusqu'à nos jours ces pieux souvenirs dans les pays que le corps de saint Germain a traversés. On a beaucoup disserté sur l'itinéraire qu'a suivi le convoi; il est probable qu'il prit la route qui passait par Vezelay, Autun, Vienne et Milan. On ne sait à quel endroit il traversa les Alpes; mais ce qui est certain, c'est que, depuis le Petit-Saint-Bernard jusqu'auprès d'Ivrée, il reste encore de nombreuses traces de la dévotion profonde dont saint Germain fut et demeure l'objet. Toutes les stations où le corps saint fut déposé, et jusqu'à des bourgades environnantes, sont aujourd'hui des lieux de pèlerinage où l'on fait bénir les enfants malades.

(Tiré de l'Histoire générale de l'Église, par ROCHBACHER.)

———〜〜〜———

2.

# NEUVAINE

EN L'HONNEUR

## DE SAINT GERMAIN

———❧———

## 1er JOUR.

### Sa Conversion.

Toutes les fois qu'un pécheur se convertit, il y a fête au ciel, lisons-nous dans l'Évangile. Germain n'était pas un libertin, moins encore un impie. Mais, homme de guerre, au milieu du tumulte des camps, il n'accordait à la religion qu'une attention secondaire. Les remontrances de son saint évêque Amateur l'irritaient au lieu de le toucher. Un reste de paganisme était resté dans cette âme altière, et difficile paraissait son retour.

Mais voici le moment de la grâce. Dieu, par la voix de son Pontife, semble lui dire, comme autrefois à Abraham : « Quitte ta maison, ta famille, tes emplois; « quitte surtout ton orgueil insensé, et deviens le Pas- « teur de mon peuple. » Prodige! cet homme, rebelle jusqu'alors, courbe humblement la tête. Il laisse tout : famille, plaisirs, honneurs; se couvre d'un rude cilice, et se dispose, par la prière et la pénitence, à exercer les sublimes fonctions auxquelles l'appelle la voix de l'Éternel.

Quel exemple, chrétiens! Nous nous faisons gloire d'avoir saint Germain pour protecteur, pour père et pour Pontife. Mais hélas! imitons-nous sa générosité? Ne sommes-nous pas sourds à la voix de la grâce qui nous sollicite depuis si longtemps! Quand briserons-nous les chaînes qui nous rivent au péché? Ah! prenons, aujourd'hui, la ferme résolution de revenir à Dieu par un repentir sincère de nos fautes, et scellons ce retour par une bonne confession et un changement complet de vie.

Grand saint Germain, du sein de la gloire, vous voyez les faiblesses de vos enfants et vous y compatissez. Obtenez-nous de Dieu une grâce abondante et efficace qui change nos cœurs, nous fasse abhorrer nos crimes et nous donne la force de marcher d'un pas inébranlable dans le chemin de la vertu!

## 2ᵐᵉ JOUR.

### Sa Correspondance à la Grâce.

« Celui qui met la main à la charrue et regarde der-« rière lui n'est pas digne du royaume de Dieu. » Ces paroles du divin Maître dûrent être constamment présentes à l'esprit de Germain pendant le rude combat qu'il livra jusqu'à sa mort au démon, au monde et à ses passions. Il avait accompli un premier acte de générosité en rompant tous les liens de la chair et du sang pour se consacrer entièrement à Dieu et aux intérêts de sa gloire. Mais, si un acte d'héroïsme est possible au moment de la grâce, qu'il en coûte pour faire fructifier cette grâce première, et pour correspondre jusqu'au bout à la volonté d'un Dieu toujours plus exigeant à mesure que ses dons sont plus abondants! Germain ne faillit pas à ce noble devoir; sa correspondance à la grâce fut constante et c'est ce qui l'a élevé à un si haut degré de sainteté, et lui a mérité d'être placé sur nos autels.

Combien de chrétiens qui, comme Germain, écoutent une première fois la voix de Dieu et retournent ensuite à leurs égarements! On se convertit à un moment solennel : à un jubilé, à un pardon. On s'approche du tribunal de la pénitence; on reçoit dans son cœur un Dieu, auquel on fait mille protestations de fidélité, et puis, à la première occasion, on tombe, on retombe, hélas! peut-être pour ne plus se relever! Ah! c'est qu'on voudrait persévérer sans combat; on voudrait sauver son âme sans effort. On a mis la main à la charrue, mais on s'est hâté de regarder derrière soi : on n'est pas digne du royaume de Dieu.

Ah! vous voyez notre lâcheté, ô notre bien-aimé Père! Aidez-nous par vos prières à être plus fidèles à nos promesses, afin que Dieu, fatigué de nos parjures, ne nous repousse pas pour toujours de sa face!

## 3ᵐᵉ JOUR.

## Son Esprit de Foi.

Ce n'est pas sans motif que l'Esprit-Saint dit ces belles paroles : « Le juste vit de la foi. » L'homme transformé par la grâce n'agit plus que d'une manière surnaturelle. Il puise toujours dans le ciel le motif de ses actions ; par là le surnaturel se change pour lui en habitude, et la foi devient réellement la céleste nourriture de son âme.

Telle fut la vie de Germain, après sa conversion. En se détournant des créatures, il se tourna tout entier vers le Créateur. Jusque-là la gloire humaine, l'ambition, le désir de plaire à ses chefs, des motifs moins nobles peut-être avaient inspiré ses actes. Désormais la foi seule sera sa boussole. Tout pour Dieu, rien pour les créatures : voilà sa devise. Le secret de ses hautes vertus, de sa vie mortifiée, de ses miracles n'est pas ailleurs. Quand les racines de l'arbre sont profondément enfoncées dans le sol, sa tige peut se diriger hardiment vers le ciel, sans craindre la tempête.

Notre conduite a-t-elle quelque point de ressemblance avec celle de notre illustre modèle? Le motif de nos actions est-il toujours basé sur la foi? Le monde, nos convoitises, le désir de plaire ou même de nuire au prochain, n'est-ce pas là, le plus souvent, le motif déterminant de nos paroles, de nos projets, de nos démarches? Est-il étonnant que notre vertu soit si fragile et nos progrès si lents !

Oh! notre illustre Patron, que nous marchons peu sur vos traces! Obtenez du bon Maître qu'il change nos cœurs, afin que désormais nous n'agissions plus qu'en vue de lui plaire et de faire sa très-sainte volonté!

## 4ᵐᵉ JOUR.

## Sa Mortification.

Dans sa 1ʳᵉ épître aux Corinthiens, saint Paul dit qu'il châtie son corps et le réduit en servitude, de peur qu'en prêchant aux autres, il ne soit lui-même réprouvé. En voyant les étonnantes mortifications de saint Germain, on se demande s'il n'avait pas pris pour lui ces paroles de l'Apôtre. Un rude cilice et un habit grossier pour vêtement; un pain d'orge, mêlé de cendres, pour nourriture; quelques planches pour lit : voilà comment il châtiait son corps et domptait ses passions. Il n'y a que quelques jours, cet homme était plongé dans toutes les délices que procurent les richesses et les honneurs; aujourd'hui, touché par la main de Dieu, il livre à son corps une guerre sans trêve et sans merci, et semble ne trouver de plaisir que dans la pénitence!

Ah! chrétiens, quelle leçon pour nous qui prétendons faire notre salut en nous couronnant de roses! Disciples d'un Dieu crucifié, nous avons horreur des souffrances. Enfants de saint Germain, aucune parure n'est trop belle pour notre vanité; aucun mets n'est trop exquis pour notre palais délicat; aucun lit n'est trop moelleux pour notre sensualité. Non seulement nous ne savons nous imposer aucune mortification, nous repoussons même celles que la Providence nous impose. Et comme il faut pourtant, bon gré, mal gré, courber ses épaules sous la croix et s'abreuver au calice des douleurs, nous fatiguons le monde de nos plaintes et outrageons le ciel par nos murmures. Apprenons aujourd'hui, par l'exemple de saint Germain, qu'il n'y a qu'un chemin qui mène au ciel : celui de la croix et des souffrances.

O vous qui savourâtes avec tant de délices le fruit amer de l'arbre du Calvaire, illustre disciple du Divin Crucifié, faites que nous marchions avec ardeur dans le rude sentier de la croix, afin d'arriver par là, comme vous, à la gloire !

## 5ᵐᵉ JOUR.

### Son Esprit de Pauvreté.

« Heureux ceux qui ont l'esprit de pauvreté, parce que « le royaume des cieux leur appartient, » a dit le Sauveur. Tant que l'âme est attachée aux biens périssables de ce monde, elle ne peut prendre son essor vers le ciel. Aussi Germain n'eut garde d'embarrasser son cœur dans les richesses. Il ne se regardait que comme l'économe des biens qu'il possédait. Il distribuait aux pauvres et en bonnes œuvres non seulement son superflu, mais encore tout ce qui n'était pas absolument nécessaire à son existence. Quelquefois même, il se dépouillait de tout pour secourir les indigents : ainsi fit-il à Milan, ainsi fit-il à Ravenne. Un détachement si complet des biens d'ici-bas plût singulièrement à Dieu, qui l'en récompensa par le don des miracles et une grande pureté de cœur. Les peuples, remplis d'admiration, se pressaient autour de lui, avides d'entendre une parole appuyée sur tant d'abnégation et tant de prodiges.

Quel contraste avec notre conduite! Notre unique souci c'est d'arriver à la richesse par tous les moyens, quelquefois les moins avouables. Rien ne nous coûte pour atteindre ce but : fraudes, violences, travail du dimanche; nous sacrifions notre conscience et les biens éternels pour quelques lambeaux de terre ou quelques pièces d'or! Et quand nous n'allons pas si loin, que d'indélicatesses, que de paroles mordantes, que de discordes entre parents, parce que chacun n'a pas ce que son avidité convoite! Quant à l'obligation de consacrer notre superflu en bonnes œuvres, nous n'y pensons même pas : notre avarice nous fait oublier ce précepte aussi complètement que les autres.

Ah! grand saint Germain, mettez dans notre cœur quelque chose de votre désintéressement! Ne permettez pas que nous perdions notre âme pour quelques misérables biens temporels. Faites-nous souvent souvenir que le seul avocat que nous trouverons au tribunal du souverain Juge, pour nous défendre, ce seront nos bonnes œuvres!

## 6me JOUR.

### Son Amour pour Dieu.

Dès que Germain eut brisé avec les créatures, il se tourna vers Dieu, avec tous les élans d'un cœur généreux et libre. Il commença par étudier, dans le silence de l'oraison, cet Être insondable, abîme de grandeur, de bonté, de magnificence. Plus il avançait dans la connaissance des attributs sublimes de la divinité, plus son cœur s'embrasait d'amour. Et pouvait-il en être autrement ? Quelle est l'âme qui peut rester froide devant la contemplation d'un Dieu, source éternelle de toute vérité, de toute bonté, de toute justice ? D'un Dieu créateur de l'univers, Rédempteur de l'homme, vengeur du crime, rémunérateur de la vertu ? D'un Dieu, plaçant l'homme entre le Calvaire et l'autel, pour forcer son amour par l'excès de sa tendresse ! Ah ! Germain ne put résister à tant d'attraits ; aussi tout lui devint insipide ici-bas, et son désir le plus ardent était d'aller contempler face à face dans le ciel Celui qui l'abreuvait de tant de délices sur la terre.

Sentons-nous dans nos cœurs quelque chose de la tendresse de Germain pour son Dieu ? Avons-nous jamais pris le chemin qui mène à cet amour ? Savons-nous ce que c'est que le recueillement, la prière, l'oraison ? Hélas ! nous occupons notre esprit de cent futilités ; nous donnons une attention soutenue à de misérables riens qui absorbent notre existence ; mais notre Dieu, mais ses amabilités infinies, nous n'y pensons pas ! Est-il étonnant que nous ne connaissions de l'amour de Dieu que le nom !

O grand Saint, versez dans notre cœur un peu de cet amour qui consumait le vôtre ! Insensés que nous sommes, nous répandons follement notre affection sur les créatures et nous délaissons le Créateur ! Ah ! faites cesser un pareil scandale, et que désormais Dieu seul possède notre cœur tout entier !

## 7ᵐᵉ JOUR.

## Sa Charité pour le Prochain.

Le propre de l'amour, c'est de vouloir ressembler à l'objet aimé. Or, Germain, en voyant son Dieu s'immoler pour l'homme pécheur, ne pouvait que désirer de s'immoler lui-même pour le salut des âmes : et c'est ce qu'il fit. Travailler à la vigne du Seigneur ; féconder un sol aride par ses sueurs et par ses larmes ; parcourir la Province qui lui était échue en partage, annonçant partout la parole de Dieu, l'appuyant par l'exemple de ses vertus et par ses miracles : telle fut son occupation constante pendant les trente années de son épiscopat. Bien plus, son zèle ne put se contenir dans les limites de son diocèse ; la Bretagne, l'Angleterre, l'Italie ressentirent tour-à-tour la puissance de sa parole. Partout où la foi était menacée, partout où la charité pouvait s'exercer, on était sûr d'y rencontrer Germain ; et c'est dans l'exercice de cette charité sublime qu'il mourut, en Italie, où il s'était rendu pour implorer la clémence de l'empereur Valentinien, en faveur des Bretons révoltés.

La charité pour nos frères, le zèle pour les âmes, le dévouement pour les bonnes œuvres, ah ! les connaissons-nous ces magnifiques vertus ? *Adveniat regnum tuum,* disons-nous tous les jours : mais que faisons-nous pour le faire arriver ce règne de Dieu ? Hélas ! notre égoïsme nous fait peut-être regretter même le sou que nous donnons pour la propagation de la foi ! Faire de longues prières, se confesser et communier souvent, voilà en quoi consiste toute notre religion. Aveugles! nous oublions que ce ne sont pas ceux qui disent, Seigneur, Seigneur, qui entreront dans le royaume des cieux, mais ceux qui font la volonté du Père céleste!

Apôtre de la charité, changez nos cœurs! Apprenez-nous à aimer Dieu en esprit et en vérité, et le prochain autrement qu'en paroles! Allumez en nous une étincelle du feu qui vous consumait pour le salut des âmes, afin que rien ne nous coûte quand il s'agira de sauver nos frères!

## 8ᵐᵉ JOUR.

### Son Amour de la Solitude.

Pour se soutenir dans l'esprit d'abnégation, dans son zèle ardent pour la gloire de Dieu et le salut des âmes, Germain ne s'était pas contenté de se créer une solitude intérieure où il puisait, dans la présence de l'Être invisible qui remplit l'immensité, les forces surnaturelles dont il avait besoin. Il sentit qu'il devait imiter les disciples que le Seigneur conduisit dans le désert après leur première mission. Aussi, tout près d'Auxerre, il bâtit un monastère où il venait souvent se réconforter dans le silence et l'oubli du monde. Là, il redoublait ses prières et ses mortifications. Il réparait ainsi ce qu'il appelait ses négligences et sa lâcheté. Inutile de dire qu'il sortait de ce nouveau cénacle rempli d'une ardeur nouvelle pour sa sanctification et celle des âmes que le Seigneur lui avait confiées.

Ah! si la ....aite était nécessaire pour les Saints, serait-elle donc superflue pour nous, remplis que nous sommes de faiblesses et d'imperfections, et vivant au milieu d'un monde corrompu ? Comment se pénétrer de l'importance de son salut, de la grandeur de son âme, de la vanité de toutes les choses d'ici-bas, au milieu du tourbillon des affaires, des préoccupations constantes et des soucis journaliers d'une vie passée au milieu du monde ? Ah! que quelques jours de recueillement nous seraient donc nécessaires de temps à autre ! Prenons la résolution de nous procurer ce bonheur le plus souvent possible.

Oh! notre illustre modèle, grand saint Germain, faites que nous imitions votre amour de la solitude ! Obtenez-nous du divin Maître l'esprit de recueillement et de silence ; et si notre état nous condamne, hélas! à vivre au milieu du monde, faites que, par la grâce d'une bonne retraite annuelle, nous n'en prenions jamais l'esprit !

## 9ᵐᵉ JOUR.

## Sa Mort.

C'est à Ravenne, résidence de l'empereur, que Germain vit la fin de ses travaux et le commencement de son triomphe. Il avait rempli cette ville de l'éclat de ses vertus et de ses miracles. Le Seigneur daigna lui-même lui faire connaître que le moment de sa mort était arrivé. « Mes frères, avait dit Germain, aux évêques qui l'ac-

« compagnaient, je vous recommande mon passage.
« Il m'a semblé voir notre Seigneur, qui me donnait un
« viatique pour faire quelque grand voyage ; et, comme
« je lui en demandais le sujet et le terme : Ne craignez
« pas, m'a-t-il dit, c'est à votre patrie que je vous
« appelle.» Et, après quelques jours de maladie, sa belle
âme allait recevoir de la main du juste Juge la couronne
qu'il avait conquise par tant de travaux et tant de vertus.

Ah ! qu'il est doux de mourir lorsque, comme Germain,
la vie n'a été qu'une longue mort à toutes les passions et
à toutes les convoitises de la chair ! Mais que la mort
est terrible lorsqu'on n'a fait qu'abuser d'une vie, donnée
par Dieu uniquement pour être consacrée à son service
et à sa gloire ! Ah ! qu'on voudrait, en ce moment, avoir
consumé ses jours dans la pratique de la pénitence et des
bonnes œuvres ! Mais hélas ! les regrets seront alors su-
perflus ! Les larmes, les sanglots ne serviront de rien :
les illusions auront fait place à l'épouvantable réalité !...

O notre bien-aimé Patron, apprenez-nous à être sages !
Ouvrez enfin nos yeux sur nos égarements et notre folie !
Faites-nous comprendre qu'ici-bas tout est vanité, excepté
craindre Dieu et le servir. Qu'à votre exemple, nous
employions notre vie à nous procurer une sainte mort,
afin que nous puissions attendre avec sécurité la sentence
du souverain Juge et que nous méritions de partager un
jour votre triomphe !

# CANTIQUES

## A

## SAINT GERMAIN

### N° 1.

Célébrons la fête
Du Patron chéri de Correns,
Que l'amour nous prête
Ses plus doux accents !
C'est la fête d'un père,
D'un ami précieux !
Chantons-le sur la terre,
Il nous entend des cieux !
Grand saint Germain, nous vous chantons !
Père chéri, nous vous aimons!
Nous vous chantons!
Nous vous aimons!

Qui nous dira les bienfaits sans mesure
Qu'il sut répandre au sein des malheureux ;
Et la beauté de son âme si pure,
Et les élans de son cœur généreux !

Célébrons, etc.

Rien ne résiste à son humble prière ;
Les éléments sont soumis à sa voix.
En Italie, en France, en Angleterre
Il est l'appui des peuples et des rois !

Célébrons, etc.


Près d'un cachot si son âme attendrie
Des prisonniers entend les cris aigus,
Son cœur se brise, à deux genoux il prie :
La prison s'ouvre et les fers sont rompus !

Célébrons, etc.


C'est le lépreux, c'est le paralytique
Qui sont par lui rendus à la santé ;
A l'indigent, il jette sa tunique,
Il donne à tous l'or de sa charité.

Célébrons, etc.


Près de Ravenne, une mère éperdue
Pleure son fils par la fièvre emporté ;
Germain commande à la mort confondue :
L'enfant respire... il est ressuscité !...

Célébrons, etc.


Toi qui semas les bienfaits sur la terre,
Toi qui te fis l'ami des indigents,
O saint Patron, entends notre prière,
Et prends pitié de tes pauvres enfants !

Célébrons, etc.

## N° 2.

Chantez Germain , ô peuple de Correns ,
Chantez, enfants, chantez, vierges fidèles ;
Qu'à vos accords les harpes immortelles
Des séraphins unissent leurs accents !

O glorieux Patron , ô bon père ,
Nous accourons à votre autel ;
Que toujours votre main tutélaire
Nous protége du haut du ciel.

Son cœur ardent de ce monde trompeur
Goûte un instant le breuvage perfide ;
Mais le ciel parle : en héros intrépide
Germain s'immole à l'autel du Seigneur !

Et le voilà ce duc fier et hautain ,
Ce dur guerrier, ce général terrible ,
Dieu le terrasse ! En un agneau paisible
Il est changé par le souffle divin.

Et désormais ce n'est plus un mortel !
Un pain grossier, voilà sa nourriture ;
Pour tout breuvage il n'a que l'onde pure ,
Pour vêtement, un cilice cruel !

Aussi la terre obéit à sa voix :
Commande-t-il ? l'Océan fait silence !
Dieu l'accompagne , et partout sa présence
Fait tressaillir les peuples et les rois !

Tombons, chrétiens, tombons à ses genoux !
Du haut du ciel il voit notre misère ;
Ah ! disons-lui : vous êtes notre père,
Grand saint Germain, priez, priez pour nous !

O glorieux Patron, ô bon père,
Correns se presse à votre autel ;
Que toujours votre main tutélaire
Le protége du haut du ciel !

---

## N° 3.

O vous dont nous chantons en ce jour la mémoire,
Votre immense bonheur excite nos désirs !
Après de grands combats vint pour vous la victoire ;
Puissions-nous dans les cieux partager votre gloire,
Puissions-nous partager vos célestes plaisirs !

D'immortels rayons de lumière
Ornent votre front glorieux ;
Peut-on trop louer sur la terre
Ceux que Dieu même honore aux cieux ?

Du Christ quand l'épouse chérie
Au loin te prête ses splendeurs,
Germain, ta famille bénie
Ne chanterait pas tes grandeurs ?

Toujours notre lyre fidèle ,
Père , chantera ton amour !
N'est-ce pas ta main paternelle
Qui nous protége nuit et jour ?

Ah ! prends pitié de nos misères ;
Tu nous vois à tes pieds , tremblants.
Ton cœur, qui chérit tant nos pères ,
Peut-il oublier leurs enfants ?

Grave dans nos cœurs l'Évangile
Que tu prêchas à nos aïeux ;
Fais qu'à ta voix, toujours docile ,
Ton peuple marche vers les cieux.

De nos champs détourne l'orage ,
Chasse au loin les fléaux vengeurs ;
Souviens-toi de ton héritage ,
Du sein des divines splendeurs !

Que toujours ta main bien-aimée
Soit le soutien de tes enfants ;
Un jour, sur ton aile embaumée ,
Au ciel porte-les triomphants !

## N° 4.

Saint Germain , ô mon père ,
Que j'aime ton autel !
Écoute ma prière ,
Et souris-moi du ciel !

Quand la noire tempête
Me jette dans l'effroi,
Quand tout courbe la tête,
Père, j'espère en toi !

Ta vertu la plus chère
Était la charité ;
Qui souffre sur la terre
A droit à ta bonté !

Je suis dans l'indigence,
Et bien pauvre en vertu,
Toi, si riche en clémence,
M'abandonnerais-tu ?

Te chanter et te plaire,
Voilà tout mon bonheur ;
En retour, ô mon père,
Garde bien pur mon cœur !

Brise en ma main coupable
La coupe des plaisirs ;
Que mon Maître adorable
Ait seul tous mes désirs !

Et puis, quand cette vie
Aura fini pour moi,
Qu'au sein de la patrie
Je m'envole avec toi !

## N° 5.

Vèici la festo solennello
De nostre glourious Patroun ;
Celebren sa gloiro immortello ,
De German exalten lou noun.
Mai la louanjo veritablo ,
Sera de faire ce qu'a fa ;
Veguen din sa vido admirablo
Lei vertu que fòu pratica.

Auxèrro li douno neissènço
D'illustre e de riche parènt ;
Pèr counserva soun innoucènço
L'un e l'autre òublideroun rèn ;
Destina per servi l'Empiro ,
German, tout jouine es nouma duc ,
Urousamen , Dièu lou retiro
D'un rang funèsto à soun salut.

Un sot ourguei , e pèr la casso
Sa tròu vioulènto passien ,
Li fan pratica sur la plaço
Un rèsto de superstitien ;
L'Évesque prègo , sollicito ,
Li dis de mie si coumporta ,
German si soulèvo e s'irrito
E va jusqu'a lou menaça.

Or qu dirie qu'aquèu rebèlle
Va s'adouci coumo un agnèu ;
La graci lou rènde fidèle
N'en va faire un ome nouvèu.
German as bello t'en defèndre!
Lou ciel va vòu , quand toun pastour
Ti sollicito de ti rèndre
Pèr deveni soun successour !


Maugra sei cri , maugra sei larmo
German es Évesque sacra ,
Es èu soulet que s'en alarmo ,
Lou pople es de joi transporta.
O que la graci 's admirablo!
Que chanjamen pront et subit !
Sa vido n'es plus coumparablo
Qu'ei sant qu'au desèrt an vieilli !


Uno tunico rudo e forto
Que cuèrbe un cilici bèn dus,
Aco's l'abit que German porto
E que jamai noun quitto plus.
Que l'ivèr vèngue o que s'en vague ,
Que lei calour vèngoun creissèn
Bèn que pareisse que va fogue
Din soun viesti noun chanjo rèn.

Pren plus pèr touto nourrituro
Qu'un pan d'ordi fa de sa man ,
Maugra la fan , lou set qu'enduro ,
N'es qu'au souar que manjo aquèu pan ;
Prend jusquòu dernier de soun age,
Ni sau , ni jamai ges de vin ;
Aquelo vido a lou courage
De la mena jusqu'a la fin.


Douas plancho cuberto de cèndre ,
Em'un cilici pèr tout drap,
Es lou lit ènte dèu estèndre
Un cors tout sec , tout espuisa ;
Dorme vesti et dorme gaire ,
Senso cabet e tout caussa,
E cregne enca de satisfaire
Un cors que vòu crucifia.


Mai d'aquèu zèlo que l'enflamo
Qu es que pourrie bèn en parla ?
L'infatigable souèn deis amo,
Jour et nuech lou tèn òucupa.
Counsacro enfin sa vido entièro
A fa flouri la religien ;
Ome de Dièu din la prièro ,
Es un Apôtro à l'instructien.

Din sa santo sollicitudo
Embrasso touti lei besoun ;
Chacun es din la certitudo
D'ave din German un Patroun.
D'òu paure surtout es lou pèro ,
De l'orphelin es lou tutour,
Es de la Franço la lumièro
E de sa fe lou defensour.


De Genevièvo de Nanterro
Predis la raro santeta ;
D'aquèu bel ange de la terro
Counsacro la virginita.
Pèr qu'òublide pas sa proumesso ,
German li remette uno crous,
Li èu pende au coual , per que sans cesso
Pense à Jesus soun tèndre espous.


L'errour ravajo l'Angleterro ;
Pèr arresta la countagien ,
Chacun penso a German d'Auxerro ,
Roumo lou li mando en missien.
German arrivo , l'eretico
Pèr sei discour es terrassa ;
Raffermisse lei catolico
E rameno lei-s-egara.

O que de proudije admirable
Pèr lei man d'aquèu sant pastour !
Dins un ouragan effroyable
De la mar carmo la furour.
Ei sourd German douno l'ausido,
Ei malau rènde la santa,
Lei mort revènoum à la vido,
Lou demoun fuje espouvanta !


Arle, Paris, Milan, Ravènno,
E la tempeto e l'Ocean
Nous dounoun la provo certèno
Dei miracle fa per German.
Un jour, per puni la Bretagno,
Leis Alen van tout devasta ;
Mai German vèn, Dièu l'accoumpagno,
Lei barbare soun arresta !


Pèr carita pièi si decido
De veni carma l'Emperour ;
Helas ! es èici que sa vido
Rescontro la fin de soun cours !
Ravenno, en lou vesèn, admiro
E sei miracle e sei vertus,
Toumbo maràu, bèn lèu expiro
E passo au sejour deis elus.

La mort dei Sant qu'es preciouso !
Lorsque German a trepassa ,
L'on tèn coum'uno cauvo urouso
Un moucèu de ço qu'a porta.
L'emperatriço Placidio
Pren lou souèn d'embauma soun cors,
D'un riche suari l'abiho
E mando en Franço aquèu tresor.


Coumprenguen lou grand avantage
D'ave sant German pèr Patroun ;
Li presenten nostrei-s-òumaje,
Lou preguen din nostrei besoun.
Pèr se lou rendre favourable
Imiten lou din sei vertus ;
Vaqui l'òumage veritable ,
Sènso lou qu'au n'escouto plus.


Grand sant German , nostre bon pèro ,
Ah! de besoun n'en sian rempli !
Repousses pas nostrei prièro ,
Venès toujours nous secouri.
Que dòu mau sachen si defèndre ,
Que siguen constant din lou bèn ;
Au ciel ensin pourran pretèndre
Lei catolico de Courrens.

## N° 6.

### Iste Confessor.

Lou sant illustre de qu fèn memori
En aquesto ouro joui de vitori,
La ramportado d'òu tèms qu'èro en vido,
    Aro es en glori.

Es esta umble, dous, prudènt, affable,
Es esta sobre, chaste, caritable,
Toujours pesible, toujours fort moudeste,
    Fort venerable.

Proun de persouno que li an counfianço,
Que li demandoun sa bonno assistanço
Dei mau que souffroun bèn souvent, receboun
    La delivranço.

Aussi l'Égliso, nostro maire santo,
En aquesto ouro li fa fèsto e canto,
Din l'esperanço d'ave soun ajudo
    Qu'es tant puissanto!

A vous la glori, Paire sant e saje!
A vostre Verbo, à l'Esprit l'òumaje:
Trinita santo que tout couar vous aime
    Sènso partaje!

# HYMNE

DE

## SAINT GERMAIN

Tirée de l'ancien Office propre.

Subditis reges dare jura terris
Gaudeant : reges tua vox in ipsos,
Præsul, exercet graviora, Christo
      Auspice, jura.

Italos quò te sacer urget ardor
Ut subis fines, tumidæ residunt
In rebellantes populos tremendi
      Principis iræ.

Hic novæ flagrans pietatis ardor
Prodit invitum : stupet Imperatrix,
Et tuis subdit pedibus superbum
      Cernua frontem.

Surda quin parent elementa verbo ;
Ut jubes ponto silet unda : centum
Rupta miratur cecidisse ferri
      Robora carcer.

Ut jubes morbi fugiunt nocentes;
Lux redit cæco , sua voxque muto ;
Ipsa mors haustam revomit rapaci
    Gutture prædam.

Mox diem doctus properare summum
Frigidos mœsto cineres ovili
Quod potes legas , patriisque liber
    Redderis astris.

Heu ! tuam vexant mala mille gentem
Tu salutari mala pelle curâ !
Fac et illustret rediviva cæcas
    Gratia mentes !

Lætus æternum celebret parentem
Orbis ! æternum celebret parentis
Filium ! par sit Tibi cultus omni
    Spiritus ævo ! Amen.

℣. Ora pro nobis , beatissime Germane.
℟. Ut digni efficiamur promissionibus Christi.

OREMUS.

Da nobis , Domine, in hâc sancti Germani solemnitate,
cœlestis gratiæ quam ille verbis , operibus et miraculis
asseruit, præsens adesse præsidium : ut dum tanti præ-
sulis exempla miramur et colimus ; ejus etiam fidem et
actiones imitemur. Per Christum Dominum nostrum.
℟. Amen.

# TABLE